YO SOY LA MUJER SAMARITANA

ETHELYN S. CHERO PUGA

YO SOY LA MUJER SAMARITANA

De la vergüenza del anonimato, a ser exhibida por su Gloria.

Cuando tienes una verdadera cita de amor con el Amado, nadie puede descalificarte.

"¡Jamás podría escaparme de tu Espíritu!
¡Jamás podría huir de tu presencia!"

Salmos 138:7 NTV

Por: Ethelyn S. Chero Puga

ÍNDICE

PRÓLOGO 7

I. ENEMISTAD PERPETUA 12

*MAPA DE UBICACIÓN DE SAMARIA ENTRE GALILEA Y JUDEA. 21

II. VISITA INESPERADA 22

2.1. PREDESTINACIÓN 23
2.2. UNA ATMOSFERA DE CONFIANZA 26
2.3. AUTOESTIMA 28
    A. La hora: 29
    B. ENCARGADAS DEL AGUA: 29

III. IDENTIDAD: CARTA DE PRESENTACIÓN. 37

A. SI CONOCIERAS EL DON DE DIOS: 41
B. Y QUIEN ES EL QUE TE DICE: DAME DE BEBER: 42
C. TÚ LE PEDIRÍAS: 43
D. Y ÉL TE DARÍA AGUA VIVA: 43

IV. VERDADES OCULTAS 58

V.	EMOCIONES LIBERADAS	73
VI.	EL BUEN SAMARITANO	83
VII.	RESULTADOS QUE TRASCIENDEN	89
7.1. EL CASO DE SIMÓN EL HECHICERO.		91
❖	REVELACIÓN	92
VIII.	PALABRAS FINALES	98

PRÓLOGO

Cuando oímos sobre el relato de la mujer Samaritana, lo primero que a muchos se nos viene a la mente es que, era una mujer que tenía "muchos maridos" y nuestro cerebro de una forma directa o indirecta, de una vez crea un estigma en este pasaje, que por más que se trata de hacerles ver, a ciertas personas el contexto de lo que realmente el Maestro Jesucristo nos quiso enseñar, en su visita a Samaria, no lo logran comprender: "así mismo de prejuiciosos es que estamos."

Vivimos en una sociedad en donde casi todo está basado en estereotipos y prejuicios de forma clandestina, propios del ser humano, por ejemplo, en la forma en cómo te vistes, si es que la ropa está a la moda o es anticuada; en lo que comes, si eres vegano o haces comida keto, si comes saludable o, por el contrario, si te gusta la comida chatarra o la convencional. Si eres un profesional graduado de una prestigiosa universidad, pero sin experiencia laboral, o, por el contrario, si no tienes títulos universitarios, pero sí una amplia experiencia en el campo laboral en el que te estas desarrollando. Si haces ejercicios con cierta regularidad que te consideras muy saludable, o si simplemente te consideras una persona común que vive una vida totalmente sedentaria.

Y que decir sobre tu status social, político, religioso, económico y familiar con respecto a quiénes son tus padres o el apellido que tienes; sobre el colegio o la universidad en que estudias; la profesión que escogiste, o simplemente no optaste por seguir una carrera universitaria por las razones que sean…

Uff!, existen infinidades de estereotipos que giran en torno a esta sociedad y me atrevería a decir que, a esta generación, lo que realmente los conlleva, es a crear "barreras" entre una persona y otra, y, por consiguiente, nos empuja a introducirnos en ciertos círculos donde creemos que podríamos caber de acuerdo a nuestra propia condición.

Y es así como vamos por la vida, creyendo que estos son los modelos y patrones de coexistencia que debemos aceptar o adoptar, la forma de vida que nos tocó vivir, o los que simplemente debemos imitar.

Pero al leer y escudriñar el relato de la mujer Samarita, es aquí en donde precisamente, el Maestro nos quiere enseñar que Él también vivió en una época en donde también existía estos tipos de estereotipos y por ende, a través de su recorrido por esta tierra, también vino a romper con estas "clases divisorias" que más que producir unidad, lo que provocaba era una "enorme separación" entre la real esencia de lo que verdaderamente el ser humano es, en cuanto a su imagen y semejanza, y no, bajo los paradigmas, que por causa de ciertos escenarios de la vida, llámese en este caso: malas decisiones, como le sucedió a la mujer Samaritana, le tocó vivir.

A través de la corta, pero significante conversación que el Maestro nos devela, en aquel Pozo de Jacob con la mujer Samaritana, se convierte en una lección de vida para todos aquellos que entendemos que Cristo también vino a esta tierra a romper todo prejuicio, sin importar la condición de quien sea, porque lo más importante para él, era que la gente como tú y como yo, reconozcamos que tenemos una necesidad de arrepentimiento para liberación de nuestras almas, sanidad del cuerpo y salvación de nuestras vidas.

Ciertamente Jesús vino a salvar lo que se había perdido, a buscar a aquellos que aún continúan errantes, sin rumbo y sin dirección, pero también vino porque el mismo pecado de la humanidad que ha producido muros de contención entre una persona y otra, a causa de las malas actitudes, malos hábitos de cordialidad, diversas prácticas de pecado, delitos y prejuicio, crea una separación entre una persona y otra, para que el "Amor de Dios" sea expresado, expuesto y manifestado ante alguna vida que lo está demandando.

Y esto es lo que indiscutiblemente está sucediendo, que el amor de muchos, está en fase de **"invernación"**, como si la habitación de algunas personas, paradójicamente hablando, estuviera en el polo norte y nadie los logra despertar. Y esto es falso, porque si decimos que amamos a Dios, que somos cristianos y que cumplimos sus ordenanzas, como aquella que dice: "Ama a tu prójimo como a ti mismo" (Mr.12:31), entonces deberíamos iniciar demostrándoselo a aquellos que realmente nos lo están pidiendo a gritos. Y no hablo de nuestras familias y amigos, sino por el contrario, amar a aquellos que creen que ya no tienen esperanza y que son rechazados; comenzar amar a aquellas que son repudiadas por la sociedad. Amarlas tal y como el mismo Señor Jesucristo nos ama a nosotras mismas, sin importar lo que seamos o lo que hagamos. Su amor es un "Amor Genuino".

A través de este precioso libro, me gustaría que comprendieras que no importa cómo está tu condición de vida, sino que quisiera que entendieras que tu condición marchita, no define quién eres, o en qué te convertirás o cuál es tu destino. Al contrario, escribí este libro para ti mujer, para que supieras que no importa cuán bajo hayas caído, YESHUA tiene una nueva y mejor vida para entregarte, sin prejuicios y sin estereotipos.

Él vino a decirte que tiene mejores cosas preparadas para ti y que lo mejor de su inagotable amor está por venir sobre tu vida de una forma real, sobrenatural y eterna.

💟 Este libro fue hecho para ti! 💟

I. ENEMISTAD PERPETUA

Samaria, era una ciudad ubicada a pocas millas al noreste de Siquem. Fue la primera capital del Reino del Norte de Israel durante 200 años. Situada al noreste de Betel y Silo. Sin embargo, no hay duda que, desde los tiempos de Jacob, ya estaba posicionada. Los samaritanos habitaban en Samaria y pertenecían a las tribus de Efraín y a la media tribu de Manasés, no obstante, desde sus origines han tenido rivalidades con los judíos.

Antecedentes y Sucesos sobre Samaria.

> **1.1.** *"Después de viajar todo el trayecto desde Padán-aram, Jacob llegó sano y salvo a la ciudad de Siquem, en la tierra de Canaán. Una vez allí, estableció su campamento fuera de la ciudad. La parcela donde acampó la compró a la familia de Hamor, el padre de Siquem, por cien monedas de plata. Y*

allí edificó un altar y le puso por nombre El-Elohe-Israel." (Gen.33:18-20)

Jacob venía de encontrarse con su hermano Esaú, después de la última vez que lo vio cuando le robó la primogenitura. Así que, después de la reconciliación con Esaú, Jacob se desvió para Sucot para posteriormente alojarse en Siquem, comprando parte del terreno para quedarse por un tiempo con su familia.

1.2. *"En el año treinta y uno de Asa rey de Judá, comenzó a reinar Omri sobre Israel, y reinó doce años; en Tirsa reinó seis años. Y Omri compró a Semer el monte de Samaria por dos talentos de plata, y edificó en el monte; y llamó el nombre de la ciudad que edificó, Samaria, del nombre de Semer, que fue dueño de aquel monte." (1Rey.16:23-24)*

Omri fue un rey de Israel que hizo lo malo ante los ojos de Dios y fue peor que todos sus antecesores, haciendo pecar a Israel y provocando a ira a YAWHE con sus ídolos. Omri llego a comprar un monte que comenzó a edificar lo que fue la ciudad de Samaria, siendo el dueño de esa ciudad durante ese tiempo.

> **1.3.** *"En el año nueve de Oseas, el rey de Asiria tomó Samaria, y llevó a Israel cautivo a Asiria, y los puso en Halah, en Habor junto al río Gozán, y en las ciudades de los medos." (2 Rey.17:24)*

Cuando Israel fue llevada en cautiverio por Asiria (2 Rey.17:6); el Rey de Asiria envió diferente gente de su nación, para que habitaran en Samaria, en lugar de los hijos de Israel, poseyéndola y habitando en sus ciudades.

Los Samaritanos adoptaron algunas de las creencias y costumbres idólatras de los Asirios, entre mezcladas con las Judaicas que ya habían acogido, por lo que, los Samaritanos eran considerados generalmente como "mestizos", y es por esto, que fueron, siempre despreciados por los judíos. (2 Rey. 17:41).

> **1.4.** *"El hombre de Dios le había dicho al rey: «Mañana, a esta hora, en los mercados de Samaria, siete litros de harina selecta costarán una pieza de plata y catorce litros de grano de cebada costarán una pieza de plata». El*

*funcionario del rey había respondido: «¡Eso sería imposible, aunque el S*EÑOR *abriera las ventanas del cielo!». Y el hombre de Dios había dicho: «¡Lo verás con tus propios ojos, pero no podrás comer nada de eso!». Y así fue, las multitudes lo aplastaron y murió a la entrada de la ciudad." (2 Rey.7:18-20 NTV)*

El profeta Eliseo había profetizado sobre una abundancia de pan que iba acontecer en los mercados de Samaria (versión NTV), porque en ese tiempo todo el producto alimenticio esta "por las nubes", y la gente humilde no tenía acceso a ella. Así que cuando un funcionario del Rey oyó a Eliseo profetizar todas estas cosas, no le creyó, sino que se burló del profeta, por lo que, al cumplirse la palabra, aquel hombre murió aplastado por la multitud.

Este fue un poderoso milagro que ocurrió en Samaria por el profeta Eliseo.

> ### Golpe bajo de Sambalat y Tobías a Nehemías.

Dirán ustedes ahora, que tiene que ver este título con Samaria, pero es en esta historia, que justamente radica el odio y la enemistad perpetua que los judíos le tienen a los samaritanos.

Sambalat: era un hombre muy influyente y gobernador de Samaria, dirigente de los samaritanos (Neh.4:1-2), que perseguía y odiaba a Nehemías y a su pueblo.

Tobías: era un funcionario amonita (Neh.4:3), de posible ascendencia judía que en componenda con Sambalat, trataba de impedir la reconstrucción del muro de Jerusalem.

Nehemías: era el copero del Rey Artajerjes, pero posteriormente, recibió su aprobación, ante la solicitud que le hizo de ir a Jerusalem a encargarse de la reconstrucción del muro. (Neh.2:1-10)

Eliasib: fue el nieto de Josué y era el Sumo Sacerdote en aquellos tiempos (Neh.3.1). Fue el padre de Joiada y abuelo del primer sumo sacerdote de los samaritanos en el monte Gerizim.

Sucede que, en aquellos tiempos, después de la orden que había dado Nehemías a los judíos para que reconstruyeran el muro de Jerusalem, Sambalat y Tobías orquestaban infinidades de estratagemas, con la finalidad de impedir que el muro fuera reconstruido. Sin embargo, ellos nunca se salían con la suya porque YAWHE estaba con Nehemías.

Pero hubo un solo golpe bajo que recibió Nehemías por parte de ellos dos.

Aconteció que no siempre Nehemías podía estar en Jerusalem supervisando la obra, porque él tenía también un oficio principal en el gobierno de Artajerjes, era el copero del Rey. Así que él viajaba esporádicamente para ver cómo iban los avances de la reconstrucción.

Sambalat y Tobías aprovechándose de esto, comenzaron en dar en casamiento a sus mujeres, (que los judíos las consideraban extranjeras) con los israelitas, para fines políticos. Claramente visible, ellos emparentaron a su gente, entremezclándolos con los israelitas, para fortalecer sus sucios planes de impedir, que los muros sean reconstruidos.

Así que Tobías se casó con la hija de un líder judío llamado Secanías. Y Tobías también dio a su hijo Johanan en matrimonio, con la hija de Mesulam, que era otro líder judío de la región de Judá. (Neh.3:6; 6:18)

Por su parte, Sambalat entrego en matrimonio a una de sus hijas, con el nieto del Sumo Sacerdote Eliasib, hijo de Joiada, para complementar toda su estrategia. (Neh.13:28)

Adicionalmente, Tobías convenció al Sumo Sacerdote Eliasib para que le hiciera una gran habitación en los atrios de la casa del Templo en donde también allí guardaban todas las ofrendas y diezmos designados para los levitas, cantores y porteros como también a los sacerdotes. (Neh.13:4-7 NTV)

Al enterarse de todo esto Nehemías, y llegar al Templo en Jerusalem, se enfadó muchísimo que arrojó todas las pertenencias de Tobías afuera, exigiendo purificar las habitaciones y volviendo a colocar todos los utensilios en su lugar. (Neh.13:8-12 NTV)

También Nehemías, le produjo mucho descontento que los hombres de Israel fueran infieles a YAWHE, por haberse casado con las mujeres extranjeras. Y sobre todo el mismísimo nieto del Sumo Sacerdote Eliasib, de **linaje sacerdotal**, que contrajo nupcias con la hija de Sambalat, el peor enemigo de la reconstrucción del muro. Por lo que, expulso a la pareja del Templo por haber contaminado el linaje sacerdotal y el pacto con los levitas. (Neh.13:27-29).

Algunos motivos de división entre los samaritanos y los judíos eran:

- ❖ Los Samaritanos intentaban detener la reconstrucción del muro de Jerusalem para los tiempos de Nehemías.
- ❖ Los Samaritanos solo creen en los primeros 5 libros del antiguo testamento o el pentateuco (Génesis, Éxodos, Levíticos, Números y Deuteronomio), rechazando los escritos de los profetas y todas las tradiciones judías.
- ❖ Los Samaritanos crearon una especie de religión que era una mezcla entre el judaísmo con la idolatría de los diferentes extranjeros con los que ellos

contraían matrimonio. Y esto era aborrecido por Israel. (2 Rey. 17:41)
- ❖ El territorio de Samaria, se convirtió en una de las ciudades de refugio para los homicidas por accidente, es decir para quienes mataban a otras personas por error, y posiblemente también enviaban a violadores de las leyes judías entre otras faltas. (Josué 20-7; 21:21); aumentando el odio considerable de los judíos por esta región.

Más que razones de sobra, para que los samaritanos y judíos tengan una irreconciliable relación, a causa de todas estas diferencias, pero es por todo esto, que más adelante sabremos por qué un hombre tan maravilloso llamado Jesús, logró romper las barreras y los estereotipos de la desigualdad entre los samaritanos y judíos a través de una visita de amor.

*Mapa de ubicación de Samaria entre Galilea y Judea.

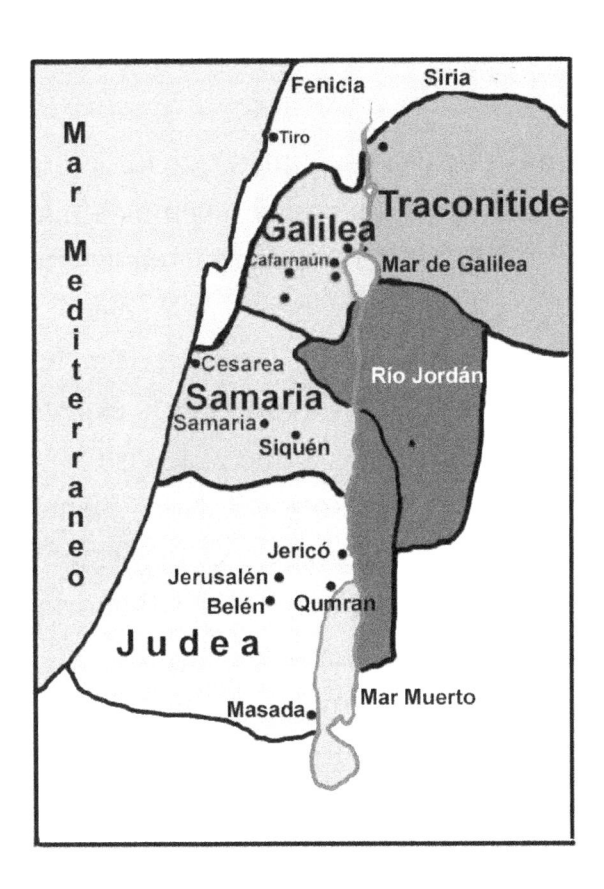

II. VISITA INESPERADA

Es hermoso cuando sentimos que no le somos indiferentes al Señor. Cuando vamos a nuestra recamara de oración y entramos en intimidad con Dios, comenzamos a sentir una indescriptible llenura de su poder, de su amor, de su misericordia y de todos esos especiales adjetivos calificativos que ÈL tiene para verterse sobre nosotros. Nos sentimos escuchados y plenos cuando el Espíritu Santo se posa sobre nosotros, y sin importar la necesidad o adversidad que estemos confrontando en ese momento, nos olvidamos de todo por un segundo, porque el tiempo está detenido cuando nos encontramos frente al Dueño de nuestras vidas.

Y es esta sensación tan indescriptible, pero a la vez tan gratificante que el Abba sabe que sentimos cuando le entregamos nuestras cargas, que justamente por esta misma razón, para Jesús le era necesario entrar a Samaria. (Juan 4:4)

Definitivamente debemos entender que ya Jesús tenía un encuentro preparado con esta mujer samaritana; y que, por su parte, ella iba a recibir una visita inesperada que le cambiaría su vida para siempre.

Dice la escritura que, era tan precisa la ida hacia Samaria que el mismo Maestro dijo que: **"le era necesario pasar"**. Por lo que, al llegar aquel sitio, siendo la hora sexta, es decir, la hora del mediodía, los discípulos se habían ido a la ciudad a comprar algo de comer. (Juan 4:8)

Aquí existen tres escenarios muy contundentes y precisos que no se pueden pasar por alto:

2.1. Predestinación

En el diccionario podemos encontrar que la palabra Predestinación significa: conocer anticipadamente el destino de una persona o cosa.

Es por esto que en Romanos 8:29-30 señala:

"Porque a los que antes conoció, también los predestinó para que sean hechos conforme a la imagen de su Hijo, para que Él sea el primogénito entre muchos hermanos. Y a los

que predestinó, también los llamó; y a los que llamó, también los justificó; y a los que justificó, también los glorificó."

Jesús ya tenía de forma propicia, un encuentro con esta mujer porque a través de la conversación que posteriormente iban a sostener, ella comprendería quién era aquel hombre que le salió al encuentro de manera oportuna y cuál sería, por consiguiente, el propósito de haberle conocido.

Y es que nosotros: somos productos de una "ANTICIPACIÓN" del Reino de los Cielos. ya nuestro Padre Celestial desde antes de la fundación del mundo sabía que vendríamos a este mundo, conocía de antemano cual sería nuestros nombres y nuestra vida entera, sencillamente nuestro principio y nuestro fin.

Solamente faltaba que nos encontráramos con su Gloria para conocer el mapa y las rutas hacia el diseño de nuestro propósito eterno.

En Efesios 1:4-5 también lo sustenta:

"...según nos escogió en él antes de la fundación del mundo, para que fuésemos santos y sin mancha delante de él, en amor habiéndonos predestinado para ser adoptados

hijos suyos por medio de Jesucristo, según el puro afecto de su voluntad…"

Nuestro amado Jesús es maravilloso, él nos confirma que nosotras no somos producto de un accidente de nuestros padres terrenales.

Quiero que sepas que deberías gozarte conmigo, porque a pesar de cualquier tipo de razón engañosa que te pudieron haber hecho creer, que naciste en este mundo, llámese violación, embarazo no deseado, mala decisión de tu madre o padre, un aborto mal interrumpido o, peor aún, te hicieron sentir que sencillamente no fuiste deseada; nuestro amoroso Padre Celestial nos "escogió desde la fundación de este mundo" para que fuésemos merecedoras y dignas princesas de su Reino Eterno, pues a través del sacrificio de su hijo Jesucristo, fuimos adoptadas como suyas, verdaderas herederas por el propio deseo de su Bendita Voluntad, Aleluya!.

Por lo tanto, te animo a sacudirte de toda tristeza, dolor, frustración, desanimo, baja autoestima, conmiseración, apatía, depresión y cualquier sentimiento negativo o adverso que el enemigo ha tratado por mucho tiempo de mantenerte cautiva para que no logres avanzar e impidiéndote que tú misma te ames y te valores.

¡DESÁTATE! y comienza a amarte y a mirarte como Dios lo hace. Acéptate tal y como eres realmente, entregándote en las manos de Dios y desarrolla todo tu potencial para la Gloria de su Nombre.

2.2. Una Atmosfera de confianza

Jesús antes de llegar a Samaria, dice la escritura, que primero estaba en Galilea, luego se fue a Judea y de allí retorno nuevamente a Galilea. (Jn.4:3)

No indica certeramente, como es que Jesús y sus discípulos, fueron y regresaron dos veces a la ciudad de Galilea sin entrar por Samaria, ya que Samaria estaba en medio de ambas ciudades. Sin embargo, en esta ocasión, Jesús les menciona a sus discípulos que le era necesario entrar allá, a Samaria. *(*ver mapa de ubicación).*

Así que Jesús al entrar a Samaria siendo ya la hora de comer los alimentos, prácticamente les dice a sus discípulos que se adelantaran a comprarlos, porque Él, primeramente, tenía que hacer una cosa más importante.

Jesús se fue solo por el camino y pasado el mediodía, se acercó al pozo de Jacob porque ya estaba muy cansado. Y fue allí que aconteció lo que él ya tenía previsto para aquella mujer. (Jn.4:6)

La primera frase que Jesús le dice a la mujer samaritana al verla llegar con su cántaro a recoger agua fue: **"Dame de beber"**. (Jn.4:7).

Imagínate tú en ese escenario, que te vas a un pozo para sacar agua, alejado de la ciudad y creyendo que estarás solas, de pronto te encuentras con un hombre desconocido, y que lo primero que te dice como para llamar tú atención sea: "dame agua" …

Yo creo que muchas hubieran salido huyendo, sobre todo en este tiempo en el que estamos viviendo, porque no sabríamos ni qué clase de persona fue la que nos habló, ni tampoco sus intenciones.

Pero, creo que más que temor por oír lo que el maestro le pidió en ese primer encuentro, me atrevería a pensar que ella lo que sintió fue una gran curiosidad por ese hombre desconocido. Por lo menos hasta ese momento lo era para ella, pues se atrevió hablarle, sin que él *"supuestamente ni supiera quien realmente era ella"*.

Recordemos que los samaritanos tenían sus propia lengua y costumbres, y sabían muy bien diferenciar a la gente de su pueblo, como a los extranjeros y judíos que pasaban por su ciudad, por lo que Jesús no iba a ser la excepción para ella.

2.3.　　Autoestima

Por alguna razón, ella había salido a buscar agua a aquel pozo de Jacob, a una hora en la que ella sabía que, no iba a encontrarse con nadie en los alrededores, porque la gente se encontraba en ese momento en la hora del almuerzo. Así que, tal vez se sentía más tranquila y confiada buscando agua a un tiempo en que las demás mujeres no fueran allí.

Miremos dos aspectos importantes:

a. La hora:

"Hizo que los camellos se arrodillaran junto a un pozo justo a las afueras de la ciudad. Era la caída de la tarde, y las mujeres salían a sacar agua." (Gen. 24:11 NTV)

La biblia señala que la hora en que las mujeres y las doncellas procuraban salir a recoger agua para abastecer sus casas y darles de beber a los camellos y ovejas era durante la caída de la tarde, es decir, en el atardecer, no dice que al mediodía.

Si nos ponemos en el lugar de aquellas mujeres, me pregunto, quienes de ustedes quisieran salir a caminar ciertos kilómetros de distancia a un pozo de agua a pleno sol del mediodía, que es la hora en donde el sol está más incandescente.

Lo que me lleva hacerme una pregunta, **¿Por qué la mujer samaritana salió a buscar agua al pozo de Jacob en la hora en donde el sol estaba más potente?**

b. Encargadas del Agua:

Si investigamos un poco más sobre quienes eran las encargadas de buscar, almacenar, custodiar y cuidar del agua, nos podemos dar cuenta que fueron las mujeres:

- **REBECA:** "He aquí yo estoy junto a la fuente de agua, y las hijas de los varones de esta ciudad salen por agua. (Gen.24:13)
- **RAQUEL:** "No podemos dar de beber a los animales hasta que hayan llegado todos los rebaños—contestaron—. Entonces los pastores quitan la piedra de la boca del pozo y damos de beber a todas las ovejas y las cabras." (Gen.29:8)
- **SÉFORA:** El sacerdote de Madián tenía siete hijas, quienes fueron al pozo como de costumbre para sacar agua y llenar los bebederos para los rebaños de su padre. Pero llegaron unos pastores y las echaron de allí. Entonces Moisés se levantó de un salto y las rescató de los pastores. Luego sacó agua para los rebaños de las muchachas. (Gen.2:16-17)

Es decir, que las mujeres tenían una labor muy importante con respecto a los pozos de agua, su mantenimiento y todas las diversas funciones diarias del hogar que debían realizar con el vital líquido.

Lo que me lleva a hacerme otra pregunta, **¿Por qué la mujer samaritana no quería encontrarse con ninguna otra mujer al llegar al pozo de Jacob a recoger agua?**

Al referirnos en esta parte sobre la autoestima, ubicándonos en el lugar de esta mujer samaritana, que por cierto en la biblia no registra su nombre, podemos percibir que ella debió estar ocurriéndole alguna situación personal o moral muy difícil y a la vez confrontativa cada vez que se rodeaba de las demás mujeres de la ciudad que la conocían, que prefirió apartarse de todas, mantenerse sola y quién sabe si hasta mejor sin amigas.

Había algo que la llevaba a sentirse avergonzada, cuando se rodeaba con las demás mujeres del pueblo que, por el contrario, mejor eligió ir a abastecerse de agua, cuando no hubiera nadie en el pozo.

Muchas veces cuando nosotras las mujeres estamos pasando por alguna situación adversa o por un desierto, algunas de nosotras tendemos a cerramos ante cualquier dialogo con otras personas sobre nuestras situaciones. Somos como *"un frasco hermético e impenetrable"*, con tal de no sentirnos juzgadas, señaladas, descalificadas y criticadas, como les mencioné en la introducción de este libro, en cuanto a los estigmas y paradigmas de los estereotipos de la sociedad.

Sentimos que con lo que estamos viviendo personal e internamente, ya es suficiente como para tener que también lidiar con las criticas u ofensas de quienes sí conocen por lo que estamos pasando; o aquellos que todavía no saben de nuestro sufrimiento, prefiriendo mil veces callar y soportar en silencio las tribulaciones que estamos atravesando.

Si bien es cierto, esta actitud no es lo más conveniente, correcta, ni favorable para nuestros corazones y emociones, pero es como un *"escudo de protección"*, como una *"coraza interna"*, que, te ayuda a repeler todo lo que posiblemente te quiera seguir dañando.

Honestamente este mecanismo, no es el más adecuando, pero te podría decir que, por lo menos, es un aliciente temporal, para que no logre afectarnos ni sesgarnos, por aquellos dardos que el enemigo utiliza, cuando son lanzados a través de la propia boca nuestras familias, amigos y conocidos.

Sin embargo, esto es rotundamente falso, porque como dije arriba, **es un aliciente temporal**, porque mientras más *"nos enconchamos y nos sumergimos"* en nuestros dilemas y delirios, no podremos ser realmente libres ni salir a flote.

Por el contrario, hay que **DETERMINAR** abrirnos, y decidir salir y escapar de ese viciado ciclo, buscando ayuda con las personas correctas, de tal manera que podamos derramarnos delante de Dios hablando y confesando lo que nos sucede.

El quedarse en silencio produce una enorme brecha dentro de ti, en donde el enemigo puede sembrar en diferentes surcos de tu corazón de su cizaña y regarla con su veneno, convirtiéndose entonces en un frondoso árbol alimentado de tus propias **"raíces de amargura"** que son: el odio, la melancolía, el rechazo, la burla y con todas aquellas cosas que el enemigo te ha hecho creer y padecer por causa de tu ignorancia y también de la mía.

Como consecuencia de todo lo planteado: *"le cerramos la puerta al perdón y le damos paso a **nuestra destrucción**. Y créeme que esto, no es lo que Yeshua quiere para nuestras vidas"*

"Sed sobrios, y velad; porque vuestro adversario el diablo, como león rugiente, anda alrededor buscando a quien devorar…" (1Ped.5:8)

"pues no ignoramos sus maquinaciones." (2Cor.2:11)

"porque las armas de nuestra milicia no son carnales, sino poderosas en Dios para la destrucción de fortalezas, 5 derribando argumentos y toda altivez que se levanta contra el conocimiento de Dios, y llevando cautivo todo pensamiento a la obediencia a Cristo…" (2Cor.10:4-5)

Por el contrario, como mujeres guerreras, que protegen su territorio, blindamos toda puerta espiritual por donde el enemigo quiera entrometerse ya sea en nuestros pensamientos, emociones, sentimientos o hasta con nuestra familia, hijos, matrimonio, trabajo y a donde sea.

Debemos estar capacitadas e instruidas para hacerle la batalla al enemigo y no darle ninguna ventaja para que se quiera quedar con nada de lo que nos pertenece. Y si, en algún momento, ese "tipejo" llegase a tener la osadía de cometer el error de meterse con nosotras o con algo o alguien de nuestra propiedad, entonces demostrarle que se equivocó en haberse metido en el terreno ajeno, por lo que estamos más que preparadas, estamos armadas y somos peligrosas, por lo tanto, podemos "echar el pleito", a fin de que nos devuelva todo lo que nos robó y nos hurtó, y con intereses. Así la próxima vez que se le ocurra meterse con nosotras o con lo que nos pertenece lo piense muy bien antes, porque no peleamos solas sino con el Santo Poder del Espíritu de Jehová.

La Armadura de Dios.

"Por lo demás, hermanos míos, fortaleceos en el Señor, y en el poder de su fuerza. Vestíos de toda la armadura de Dios, para que podáis

estar firmes contra las asechanzas del diablo. Porque no tenemos lucha contra sangre y carne, sino contra principados, contra potestades, contra los gobernadores de las tinieblas de este siglo, contra huestes espirituales de maldad en las regiones celestes. Por tanto, tomad toda la armadura de Dios, para que podáis resistir en el día malo, y habiendo acabado todo, estar firmes. Estad, pues, firmes, ceñidos vuestros lomos con la verdad, y vestidos con la coraza de justicia, y calzados los pies con el apresto del evangelio de la paz. Sobre todo, tomad el escudo de la fe, con que podáis apagar todos los dardos de fuego del maligno. Y tomad el yelmo de la salvación, y la espada del Espíritu, que es la palabra de Dios; orando en todo tiempo con toda oración y súplica en el Espíritu, y velando en ello con toda perseverancia y súplica por todos los santos..." (Efesios 6:10-18)

III. IDENTIDAD: CARTA DE PRESENTACIÓN.

3.1. *"La mujer samaritana le dijo: ¿Cómo tú, siendo judío, me pides a mí de beber, que soy mujer samaritana? Porque judíos y samaritanos no se tratan entre sí." (Jn.4:9)*

Como bien antes mencionamos, los samaritanos conocían su gente, como a todo forastero, extranjero y judío de la región, así que la mujer samaritana con solamente escuchar las tres frases que Jesús le dijo en aquel pozo: *Dame de beber…* ella logró identificar de donde provenía aquel hombre que se atrevió a hablarle sin importar su creencia, costumbre e idiosincrasia.

Inmediatamente la mujer samaritana reconoce que aquel hombre es un judío, pero no cualquiera, porque seguido al diálogo, ella le dio a entender, que él tenía el conocimiento cultural de que los judíos y los samaritanos por mucho tiempo no se trataban, en pocas palabras, que no eran amigos sino enemigos.

Quiere decir que, quizás esta mujer a pesar de: su poca autoestima y poco relacionamiento con los demás, estaba consciente de su posición en la ciudad de Samaria y nos hace entender de que en algún momento ella fue instruida en cuanto al manejo que debía tener con cada persona que se acercara a ella sobre todo con los judíos.

3.2. *"Respondió Jesús y le dijo: Si conocieras el don de Dios, y quién es el que te dice: Dame de beber; tú le pedirías, y él te daría agua viva." (Jn.4:10)*

En el versículo 9 de esta linda historia, la mujer samaritana le hace una pregunta directa de por qué le había hablado, si son de costumbres y religiones diferentes. Pero Jesús en el versículo 10, omite responderle y la evade con una respuesta mucho mejor, logrando conectarla emocionalmente y acaparar sus sentidos como también su atención.

Jesús no es que no tuviera respuesta para esa pregunta, pero aquí podemos darnos cuenta, de que a veces al Señor, no le interesa contestarnos vanos cuestionamientos humanos ni carnales que no conducen a una buena edificación.

A JESHUA lo realmente le importa hacer, es que sus palabras germinen en nuestros corazones, a fin de que fructifiquemos y nos convirtamos, en un catalizador que provoque la misma reacción en cadena, en otras personas, como Cristo la provocó en nosotras(os).

A veces en medio de nuestros quebrantos y angustias, cuando estamos a solas con Dios, orando exponiéndole nuestras emociones con mucho dolor por las heridas recibidas, y comenzamos a cuestionarlo: *"Señor, ¿por qué lo permitiste?... Que hice para merecer padres así... Acaso era necesario que me quitaras esto o aquello...Señor, no era justo, porque tuve que pasar, por tanto, o vivir así..."* Son tantas preguntas que nos vienen a la mente y todas estas clases de hipótesis, van quedando sin respuestas, pero no es porque JESHUA no las tengas, sino es que, para que seguir "lloviendo sobre lo mojado", si al final, Él nos ofrece algo mucho mejor que permanecer en constantes palabrerías, huecas y sin sentido.

Y esto mismo fue lo que hizo con la mujer samaritana, no le respondió su pregunta con el mismo razonamiento, o, a lo que ella tal vez como respuesta esperaba. Sino que, por el contrario, con su respuesta que YESHUA le dio, la elevó a atraer su atención, dejándola con el deseo de querer saber más sobre su persona.

Así que, al final, Jesús le dio cuatro respuestas en donde ella solo esperaba recibir una:

- ❖ *Si conocieras el Don de Dios*
- ❖ *Y quien es el que te dice: Dame de beber*
- ❖ *Tú le pedirías*
- ❖ *Y él te daría agua viva.*

Oh Gloria a Dios, en medio de esto que les escribo, tengo mi corazón quebrantado, porque así somos, no crean que solamente a ustedes les ha pasado todo esto que les escribo. A mí también me ha sucedido muchísimas cosas. A mí también me ha tocado pasar por el valle de la angustia. Yo también me he acercado al trono de Dios rota en mil pedazos, haciéndole miles de preguntas, utilizando infinidades de argumentos creyendo que son válidos para tratar de obtener, aunque sea una respuesta precisa… Pero, solo escucho **el silencio del Abba**, como esperando que yo termine de desahogándome, descargando toda mi humanidad sobre ÉL.

Al leer este pasaje, y comprender que más que una vaga respuesta, la mujer samaritana lo que recibió fue vida, valor y esperanza. Agradezco a Dios por no haberme respondido ninguna de mis incógnitas, porque estoy segura que no vale la pena, y sé que lo que me espera por su infinito amor y perfecta gracia es mayor, que lo que pude haber perdido.

Yo podría interpretar estas 4 respuestas con el siguiente dialogo parafraseado, y tú, amada lectora, imagínate que es JESHUA quien está respondiéndote:

Te invito a que menciones TU NOMBRE y seguidamente, lee la siguiente declaración:

> **a. Si conocieras el Don de Dios:**
>
> *"si conocieras mis dadivas, que son obsequios que mi Padre te entrega de forma inmerecible cuando abres tú corazón a ÉL y lo aceptas. Porque los dones son regalos eternos que son*

entregados a todos aquellos que lo aman y lo reciben. Así que, los dones o regalos que mi Padre les entrega, no le serán quitados, porque lo que se da con amor, no se pide devuelta."

b. **Y quien es el que te dice: Dame de beber:**

"y si por un momento pudieras comprender quien son YO, quien es la persona que tienes en frente y que tienes el privilegio de oír, en estos precisos momentos solo para ti… Porque por si no lo sabias, me dispuse a cambiar mi itinerario para encontrarme a solas contigo… Tú no te imaginas todo lo que hice por llegar hasta aquí, y todo lo que tuve que caminar, a pesar de estar muy cansado, y, aun así, quise continuar para encontrarme contigo. Tanto así que, envíe a mis discípulos por mi comida, tan solo para llegar a este pozo, a la hora que tú sales a llenar tu cántaro de agua, porque yo sé que no quieres que más nadie te vea, porque yo conozco tu soledad….

Y luego que te veía acercándote al pozo, tuve que ponerme meditar, en cómo te hablaría, con el fin de poder acercarme un poco más a ti, para conocerte, oírte y saber lo que te ha estado pasando y todo lo que sientes...

Para luego entregarte un mensaje diferente, un mensaje de perdón, de luz y de nueva vida... Por eso es que cuando te vi, te abordé diciéndote: Dame de beber...

Simplemente para que me notaras y me respondieras... Lo hice para llamar tu atención."

c. Tú le pedirías:

"es que, si tan solo supieras y se te hubiera REVELADO todo esto que te he mencionado... ¡Entonces tú misma, me pedirías a mí! ... Y todo hubiera sido entonces al revés...

Tú rogarías por encontrarte conmigo. de haber sabido, quien YO SOY" ...

d. Y él te daría agua viva:

"y yo sin duda alguna, te daría de mi agua y no de la que tú tienes en tu tinaja,

porque la tuya más tarde, o tal vez mañana se te pueda acabar, pero la mía es eterna y dura para siempre".

3.3. *"La mujer le dijo: Señor, no tienes con qué sacarla, y el pozo es hondo. ¿De dónde, pues, tienes el agua viva?" (Jn.4:11)*

La capacidad de análisis de la mujer samaritana fue tan pobre y superflua, que ella interpreto todo de forma muy básica.

Su mente todavía estaba tan entenebrecida, que no comprendió todo lo que Jesús le había declarado, con tan poderosas respuestas que le había entregado.

De toda la revelación que JESHUA le había dicho, su discernimiento fue tan escaso, que solamente se enfocó en traducirlo en su necesidad actual.

Y así mismo, somos a veces nosotras las mujeres. Oramos con tal vehemencia por una respuesta en lo secreto de nuestra habitación, que luego, cuando hacemos silencio, y por fin viene la respuesta del Señor a nuestros corazones (o ya sea a través de la lectura de la palabra, de una profecía o de alguna predica), solamente alcanzamos a entender, si acaso, la primera parte del mensaje y no le prestamos atención a todo el contexto que nos reveló, ya sea de alguna dirección, instrucción o propósito con nosotras o con nuestras familias.

Por eso es que a veces pienso, que Él se queda callado con nosotras, hasta que aprendamos afinar nuestros oídos, tener los sentidos bien abiertos y el discernimiento de su Espíritu Santo e incluso hasta escribir lo que nos dicen, para no correr el riesgo de olvidarlo.

"Y Jehová me respondió, y dijo: Escribe la visión, y declárala en tablas, para que corra el que leyere en ella." (Hab.2:2)

Así que, no nos conformemos solamente con oír una simple respuesta efímera, porque Él no responde así. Cuando el Señor nos responde, se esmera en darnos todos los detalles, los diseños y los mapas que traen consigo, es decir, ***"toda la amplitud de una verdadera respuesta de parte de Dios"***.

Para dar un ejemplo a todo esto, es como cuando uno de mis hijos sale conmigo hacer diligencias, y me dice:

Mi hijo: *"mamá, cómprame un batido de fresa".*

Yo: *"ok. Pero si tú me conocieras mejor, me dirías…*

--mamá por qué mejor no compramos un paquete de fresas y cuando lleguemos a casa, me preparas un batido con todos los demás ingredientes, y así tuviéramos no solo un vaso, sino más de uno, hasta nos alcanzaría para compartir. Y si acaso se nos acaba, podríamos salir por más y volver a preparar--" …

Mi hijo: *"ok mamá, pero cómprame el batido de fresa".*

Es casi lo mismo, queremos que nos sacien esa necesidad inmediata, sin comprender correctamente que, más que satisfacer momentáneamente un deseo y hasta a veces un capricho; el Señor nos entrega la metodología para resolver, no solo de forma rápida una situación, sino que adicional a ello, nos entrega el manual, que es su palabra, en donde allí nos indica como debe ser la manera en que podemos mantener ya sea nuestras bendiciones, familia, amigos, empleo, negocios, etcétera, y hasta sobrepasar nuestras expectativas de todo lo que nos propongamos hacer con su maravillosa ayuda.

En pocas palabras: **"separados de Dios, nada podemos hacer"**.

"Yo soy la vid, vosotros los pámpanos; el que permanece en mí, y yo en él, este lleva mucho fruto; porque separados de mí nada podéis hacer." (Jn.15:5)

Así mismo, era el entendimiento de la mujer samaritana, a lo que YESHUA le había manifestado, una mentalidad muy corta y todavía sin revelación. Ella no comprendía absolutamente nada después de tan impactante declaración porque su visión se mantenía oscura y su alma cautiva. Sin embargo, Jesús no se cansó de platicar con ella, por el contrario, como un buen Maestro que es, no se dio por vencido, y siguió dándole información preciosa y del Reino hasta que la revelación rompiera su estructura mental caída y por fin pudiera comprenderle.

Así también Él es con nosotros. Jesús no se cansará jamás de nosotros, aunque a veces no le entendamos. Mientras dure el Espíritu Santo en esta tierra, siempre tratara de estar presente en nosotros, tratando de llamar nuestra atención.

3.4. *"¿Acaso eres tú mayor que nuestro padre Jacob, que nos dio este pozo, del cual bebieron él, sus hijos y sus ganados?" (Jn.4:12)*

Como al inició les comenté, los samaritanos solo creen en los libros del pentateuco (Génesis, Éxodos, Levíticos y Deuteronomio). Consideran que su único Dios es YAWHE; que han tenido un solo profeta que es Moisés y leen un solo libro que es la Torá. Su monte santo es el Gerizim, al contrario de los judíos, que está en Jerusalem.

Ellos todavía viven sumergidos en completa tiniebla, realizando sacrificios de animales para expiación y estos mismos animales que sacrifican en sus rituales, los utilizan para su propio consumo posteriormente. Y es que precisamente por esto, es que los judíos los aborrecen, teniéndolos por inmundos y enemigos. Ellos aún siguen esperando la llegada del que ha de redimirlos.

Adicional a todo lo referido, los samaritanos reconocen a Jacob como su padre, como también lo son Abraham e Isaac, teniéndoles un profundo respeto y solemnidad.

El escenario de la mujer samaritana fue desarrollado en el pozo llamado Jacob. Este pozo formó parte de la compra que hizo Jacob en uno de sus viajes hacia la ciudad de Siquem en la tierra de Canaán después de haberse encontrado con su hermano Esaú; es por ello que lleva su nombre.

Por lo que, Jacob reposó con toda su familia y sus ganados hasta que el Señor le hablase una vez más, que se mudará para Betel.

Así que ella le preguntó una vez más a YESHUA y con tal vehemencia que: **¿si él se consideraba superior y mejor que su padre Jacob.?**

3.5. ***"Respondió Jesús y le dijo: Cualquiera que bebiere de esta agua, volverá a tener sed; mas el que bebiere del agua que yo le daré, no tendrá sed jamás; sino que el agua que yo le daré será en él una fuente de agua que salte para vida eterna." (Jn. 4:13-14)***

Aquí nuevamente YESHUA, le obvia la nueva pregunta que la mujer samaritana le hace sobre su padre Jacob, y a continuación le responde con otra aseveración mucho más reveladora y contundente que la primera respuesta que le dio.

A lo que yo puedo casi asegurar, que esta fue la respuesta que terminó de fulminar una estructura mental caída, carnal y de muchos años de cultura religiosa sin fundamento, sin frutos y sin sentido que le habían enseñado a la samaritana y que por su pasado la tenía castrada, repudiada Y afligida. Por fin comprendiera que, con quien estaba dialogando desde hace rato no era con cualquier mortal.

Dejemos en claro algo, no es que Jesús quería ser grosero con la mujer samaritana, dejándola con ciertas dudas, sino por el contrario, (como les había mencionado antes) YESHUA no deseaba entrar en esos tipos de conflictos verbales que, lo que realmente causan son polémicas irracionales.

Es como cuando se acerca la campaña electoral de su país, y deben establecer a través de debates, diálogos y finalmente del derecho al sufragio, cuál partido político considera usted que es el más capacitado, qué diputado o senador es el más apto y qué presidente lo va a representar como la cabeza de Estado de su nación.

Estoy segurísima, que se formaría tal polémica que lo que produciría sería, pleitos, divisiones, diálogos enardecidos y hasta enemistades.

Y era esto sencillamente, lo que el Maestro deseaba evitar con la mujer samaritana, el llegar a tener una conversación infértil, con una oportunidad tan hermosa y especial que él tenía con ella, y del cual Jesús deseaba aprovechar el más mínimo segundo para lograr cautivar su corazón.

Y definitivamente es así. Cada vez que nos encerramos en nuestra habitación y tenemos amores con nuestro amado Jesús a través de la oración, nos derramamos ante su presencia expresándole total rendición, y luego de escucharnos todas nuestras quejas, dolores, tristezas y sinsabores… ÉL no querría desperdiciar ese valioso tiempo de tenernos frente a su trono, entrando en conflictos existenciales con nuestra humanidad, sino que, por el contrario, sería nuestro bálsamo, aquel médico divino que cierra toda profunda herida limpiándola, cauterizándola, vendándola y finalmente sanándola.

YESHUA le responde a la mujer samaritana parafraseando:

"cualquiera que beba del agua que tú tiene en esa tinaja, ya sea tú misma, tus animales o tu familia, al pasar el tiempo, volverían a tener sed. Volverían a quedar insatisfechos y sedientos, porque esa agua que tú estás recogiendo allí, ciertamente te saciará, pero solamente por un corto periodo de tiempo.

Pero quien bebiere de un agua que yo tengo para entregarles, no tendría sed nunca, sino que, al contrario, quien beba de esa agua será como un manantial inagotable, como agua viva que brotan dentro de ti y quien la beba, recibirá la vida eterna."

Definitivamente, Jesús le hablaba en parábola, pero no con el fin de dejarla más confundida que al inicio, o por qué Jesús no quería que entonces ella comprendiera lo que le estaba enseñando…

Por el contrario, YESHUA trataba de ilustrarle su conversación, utilizando el propio ejemplo de su necesidad actual (la recolección del agua en el pozo), asegurándole que Él le ofrecía "**un agua superior**"**,** del cual ya no tendría que están continuamente yendo y viniendo a aquel pozo a recogerla jamás (de forma subjetiva).

En pocas palabras, ella todo lo entendía y lo veía en un plano terrenal y físico, por eso YESHUA utilizó la sabiduría divina de ilustrarla con los gajes del oficio a los que ella se dedicaba y estaba acostumbrada hacer, para llevarla y elevarla al ámbito espiritual y sobrenatural en donde Él se encontraba.

3.6. ***"La mujer le dijo: Señor, dame esa agua, para que no tenga yo sed, ni venga aquí a sacarla." (Jn.4:15)***

Y es aquí en donde ella se da cuenta que este hombre, es alguien inusual. Por su forma de hablar e intimar con ella, logró entregarle su confianza, e inmediatamente "conectó" su espíritu con el Espíritu de YESHUA, "reaccionando" ahora ella y diciéndole:

"Pues entonces ahora dame tú de esa agua, para que no tenga yo que volver por ella a cada tiempo ni tenga sed jamás"

Aquel pozo del cual habla Jesús es el pozo de nuestra alma, es este pozo en el que nosotras sentimos que nunca se sacia, a pesar de los deleites que tenemos en algún momento. A pesar de que a veces sonreímos y creemos que nos sentimos llenas y plenas por las cosas materiales que tenemos.

Pero...

- ❖ **Hay mujeres** que tienen todo lo material pero no un hombre que las honre y las valore, provocando que envidien lo ajeno.
- ❖ **Hay mujeres** que tienen un hombre amoroso, dedicado, detallista, que ama al Señor, pero no tiene lo material que es una casa, un carro, unos hijos o tiene sus

hijos en común, pero se sienten poco amadas por sus hijos o hasta por sí mismas.
- ❖ **Hay mujeres** que no tiene ni lo uno ni lo otro, sintiéndose acabadas y marchitas porque el tiempo las dejó esperando.
- ❖ **Hay otras mujeres** que se creen que porque tienen dinero pueden comprar lo que quieran o comer en cualquier restaurante exquisito porque todo lo que tienen se lo han ganado a pulso con esfuerzo, y no le deben nada a nadie o a ningún hombre porque se creen tan autosuficientes. Pero cuando regresan a su enorme casa, nadie las espera, nadie las recibe, ni nadie las atiende…

Ya sea el escenario que tengamos, a pesar de lo que sea, debemos ser honestas y aceptar que, al acostarnos en nuestra cama y colocar nuestra cabeza sobre la almohada, nos sentimos solas. Ya es tiempo que reconozcamos que, en el silencio de la noche, cuando estamos con nuestra implacable conciencia, que nunca nos suelta ni que tampoco nos delata, pero que sí nos confronta que: *"estamos vacías"*.

Y que por más cosas que tengamos o por más que deseemos lo que nos haga falta:

"Nada material ni ningún ser humano, tiene la capacidad de llenarnos ni hacernos sentir plenas, solo Dios. Porque está es realmente la carencia de toda mujer en su naturaleza y en su esencia que necesita saciar: <u>que nos llenen nuestro pozo, y solamente YESHUA posee esa agua y esa capacidad que puede saturarlo todo</u>".

Y para esto fue que el Señor se dirigió hasta Samaria, a decirle a esta mujer, a ti y a mí, *¡que él nos conoce!*, ÉL te conoce tanto, que ha dejado todo, por desviarse a encontrarse contigo y conmigo.

Se ha inclinado, para escucharte y luego para decirte que, sin importar tus argumentos o quien tenga la razón, ÉL tiene algo *"superior e inagotable"* que te saciará de tal manera, que por más que venga alguna circunstancia a tratar de menguar y destruir tu Confianza y Fe en Él, no podrá derribarte, porque lograste beber de aquel manantial de agua que constantemente fluye y fluye sin parar, eliminando toda sequedad.

Así que, ahora por más obstáculos que se te presenten en tu camino, ya tú sabes cómo vencerlos, porque el río llamado YESHUA habita dentro de tu pozo, dentro de tu alma, y te mantiene plena e inundada tanto de día y como de noche, por lo que ya no existe más el estancamiento ni la soledad porque ÉL lo llenó todo, tanto que hasta rebosas y te desbordas de su Amor.

"He aquí que yo hago cosa nueva; pronto saldrá a luz; ¿no la conoceréis? Otra vez abriré camino en el desierto, y ríos en la soledad". (Isa.43:19 **RVR**)

Pues estoy a punto de hacer algo nuevo. ¡Mira, ya he comenzado! ¿No lo ves? Haré un camino a través del desierto; crearé ríos en la tierra árida y baldía. (Isa.43:19 **NTV**)

Yo voy a hacer algo nuevo, y ya he empezado a hacerlo. Estoy abriendo un camino en el desierto y haré brotar ríos en la tierra seca. (Isa.43:19 **TLA**)

IV. VERDADES OCULTAS

YESHUA, tenía toda la atención de la mujer samaritana ganada y la atracción que habían hecho era sobrenatural en ese momento.

Lo que allí se estaba compartiendo ya se había hecho tan especial que llego el momento de la verdad, pero ahora en el plano personal.

4.1. *"Jesús le dijo: Ve, llama a tu marido, y ven acá". (Jn.4:16)*

El Maestro se atrevió a preguntarle por alguien que, a mi parecer, ubicándonos en nuestro tiempo, no cualquiera persona podría hacerte una pregunta sobre tu vida personal, a menos que sea alguien de confianza, en donde ya sabría quién eres tú, tu esposo y que ya haya forjado una amistad contigo y con tu familia.

Sin embargo, Jesús como ya sabía la conexión que había hecho con la mujer samaritana, ella sin incomodarse por la pregunta le respondió el siguiente punto.

4.2. *"Respondió la mujer y dijo: No tengo marido. Jesús le dijo: Bien has dicho: No tengo marido; porque cinco maridos has tenido, y el que ahora tienes no es tu marido; esto has dicho con verdad." (Jn.4: 17-18)*

Jesús se atreve a preguntarle por su esposo, a lo que ella le responde honestamente que no tenía esposo o marido (ella le respondió una respuesta corta y sencilla).

Pero seguidamente, YESHUA le añade que, no solamente ha dicho la verdad, sino que le devela algo más que ella no se esperaba que le dijera.

Le dijo que, aparte de que ella ya ha tenido cinco maridos; el que ahora tiene, no es de ella tampoco. Es decir, que estas en adulterio y en fornicación, porque el hombre con quien tú dices que estás, no te pertenece, no es tuyo.

¡Santo Dios!, esta parte de la historia me confrontó porque: ***"Yo soy la mujer samaritana",*** la escritora de este libro que están leyendo, soy como aquella mujer samaritana. Y humanamente da vergüenza aceptar que yo también he tenido cinco esposos, pero a diferencia de la Samaritana, el que tengo actualmente sí es mío porque Dios me lo dio (Glorifico a Dios por esto).

Y no me malinterpreten, no es que he estado con hombres casados, sino que mis anteriores relaciones tuvimos que tomar decisiones difíciles en el caminar por diversos tipos de errores que, sin tener en ese tiempo a un Cristo revelado, no pudieron humanamente perdonarse ni repararse.

Ciertamente, quien les escribe este hermoso libro, ha vivido muchas separaciones y me han destruido una y otra vez mi corazón, no en mil, sino en millones de pedacitos. He tenido que comenzar de cero muchas veces, y producto de todo lo que me ha sucedido, y sobre todo en mi última relación, perdí también muchas cosas y hasta materiales, por poco pierdo hasta a mis hijos, pero Dios en su infinita misericordia me lo devolvió todo de forma progresiva y soy feliz disfrutando el ver a mis hijos desarrollarse y crecer en cada una de sus etapas.

Sobre todo, Dios premio mi sufrimiento y decepciones con un maravilloso hombre de

Dios que ama al Señor con locura como también a mí y a mis hijos como si fueran suyos.

Mis hijos y mi esposo son una bendición en mi vida, y le pido a Dios todos los días que me enseñe a ser agradecida y amorosa con la oportunidad que me ha dado de ser realmente feliz.

Porque la felicidad no radica en tener cosas materiales, sino en que a pesar de que nos falten algunas cosas, por medio de la llenura del Río de Dios en nuestros pozos, podemos ahora sí decir que nos sentimos plenas y dichosas, con lo que poco a poco vamos construyendo. Porque sabemos que, si tenemos a YESHUA de nuestro lado, **por más torpe que seamos, todo va a estar bien.**

*"Y habrá allí calzada y camino, y será llamado **Camino de Santidad**; no pasará inmundo por él, sino que él mismo estará con ellos; **el que anduviere en este camino, por torpe que sea, no se extraviará**". (Isa.35:8)*

En cuanto al **Camino de Santidad**, les compartiré un extracto de una lectura que encontré mientras investigaba, (respetando el derecho del autor) sobre cual es éste camino y de qué se trata:

"El mensaje que nos quiere transmitir es que el camino de la santidad. No es otra cosa que caminar en la senda que nos lleva a ser felices.

En este camino de santidad conocemos a Dios. Es un camino donde todo tiene su sentido pleno en Cristo y solo se entiende desde él. En el fondo la santidad es vivir en unión con él los misterios de su vida. Consiste en asociarse a la muerte y resurrección del Señor de una manera única y personal, en morir y resucitar constantemente con él. También si escogemos ese camino (que es del bien) nos ganamos el cielo como herencia.

💙 Precioso JESHUA. 💙

4.3. *"Le dijo la mujer: Señor, me parece que tú eres profeta". (Jn.4:19)*

La mujer samaritana le responde a YESHUA, que a ella le parecía que ÉL era un profeta, pues ante tal revelación de su vida tan personal, la había dejado impactada, sorprendida que, en evidencia, prácticamente la desnudó paradójicamente hablando, sin tener obviamente posibilidad de contradecirlo.

La mujer samaritana aprovechando que tenía en frente a un judío y de que adicionalmente, por la revelación que le dio sobre su vida personal, entendiendo ahora que también era un profeta, ella apropiándose de esa atmosfera de revelación en la que estaba sumergida, le dice a Jesús, que de acuerdo a las enseñanzas que había recibido, con respecto a sus costumbres y tradiciones, tenía otra la siguiente duda.

4.4. *"Nuestros padres adoraron en este monte, y vosotros decís que en Jerusalén es el lugar donde se debe adorar." (Jn.4: 20)*

Sabemos que nosotras cuando tenemos una duda, como mujeres que somos, tratamos de tener un manejo para lograr sacar algún tipo de información cuando nos interesa conocer sobre algo en específico.

Algunas mujeres somos muy directas cuando queremos decir algo. Pero también cuando hablamos y/o conocemos a una persona que nos resulta interesante y nos cautiva con un tema en específico. Por ejemplo, en la universidad con algún profesor o conocedor de alguna materia, del cual podemos sacarle cierto provecho, en cuanto a un conocimiento surgido que no tengamos del todo claro, y que nos haya mantenido en la ignorancia, sin tener ningún tipo de respuesta, ni por el señor Google. Nos toca entonces, preguntarle o hacerle la consulta con el fin de no quedarnos con la duda, y al final conocer la verdad o la realidad de las cosas.

Y esto fue lo que le sucedió a la mujer samaritana. Me imagino que ella había sido instruida bajo las doctrinas de su gente desde niña y le tocaba hacer lo que simplemente le habían enseñado. De pronto, habrá tenido un millón de interrogantes a lo interno de ella misma, pero como también era mujer, le tocaba simplemente someterse y obedecer a todo lo que siempre le habían dicho que hiciese sin objetar nada.

Pero le llegó el momento perfecto, para poder recibir otro tipo de información, y esta vez era la correcta y atinada. La que la iba a sacar, no solo de la ignorancia que es peor que tener duda, sino también del error en la que había estado sumergida desde niña.

La mujer samaritana le dice, que sus padres, es decir sus antepasados hasta ese momento, habían siempre ido adorar aquel monte, hablaba del *"Monte Gerizim"*, en donde hasta el sol de hoy las samaritanos suben adorar a Dios y hacer sus sacrificios de sangre de animales, creyendo que todavía esos ritos son validados para que YAWHE los pueda bendecir.

Sin embargo, ella continuaba diciendo, que los judíos, es decir, tú (hablando de Jesús) y tu pueblo, dicen que es en *"Jerusalem"*, donde verdaderamente se debe subir adorar.

En pocas palabras, y parafraseando:

"dime la verdad por favor, ¿es aquí en nuestro Monte Gerizim o es allá en Jerusalem?... No estoy del todo clara o convencida de todo lo que se me ha dicho y enseñado... Ya que tú eres varón judío y me pareces profeta dime, ¿a dónde es que se debe subir entonces, realmente a adorar a nuestro Dios?" ...

4.5. *"Jesús le dijo: Mujer, créeme, que la hora viene cuando ni en este monte ni en Jerusalén adoraréis al Padre. Vosotros adoráis lo que no sabéis; nosotros adoramos lo que sabemos; porque la salvación viene de los judíos." (Jn.4: 21-22)*

Con la siguiente declaración que Jesús le dio a la mujer samaritana, le estuvo revelando un misterio que solamente podía serle humanamente entregado a los judíos, porque el versículo claramente establece que la salvación viene de los judíos, pero Él estaba compartiendo de esa verdad con ella que supuestamente ante los ojos del pueblo de Israel era una inmunda y desechada, como también para su propio pueblo. Ya que una mujer que había tenido cinco maridos y que actualmente, el que tenía no era de ella, demostraba que era una mujer con falta de credibilidad y despreciada, por eso es que ella trataba de ir al pozo antes de que las demás mujeres salieran a buscar agua y llenar sus cántaros, porque saliendo antes de tiempo, iba a encontrar aquel pozo para ella sola.

JESHUA, le decía a la mujer samaritana parafraseando que:

"va a venir un día en que, no se subirá a adorar más a YAWHE ni en tu monte Gerizim donde tú y tus antepasados o tu descendencia sube adorar, ni tampoco en Jerusalem donde nosotros los judíos subimos.

Ciertamente ustedes los samaritanos adoran a alguien que todavía no pueden ver porque no se les ha sido manifestado ni revelado, pero muchas personas de mi pueblo, ya están adorando aquel que ¡TÚ, YA ESTAS MIRANDO Y TODAVÍA NO TE HAS DADO CUENTA QUE SOY YO!

Yo soy ese Don, ese regalo personificado que mi Padre que está en los cielos, ha entregado para ustedes."

Es decir, que pronto vendrá un suceso poderoso, en donde se estremecerán los cielos y temblará la tierra, cuando el hijo de Dios muera, entregando su vida a favor tuyo, mío y de toda la humanidad. De tal manera, que su Redención llenará toda la tierra y ya no será necesario subir a adorar más a Dios en un Monte, porque desde donde Él Reinará, será en nuestros corazones y desde allí siempre le adoraremos con toda libertad.

4.6. ***"Mas la hora viene, y ahora es, cuando los verdaderos adoradores adorarán al Padre en espíritu y en verdad; porque también el Padre tales adoradores busca que le adoren. Dios es Espíritu; y los que le adoran, en espíritu y en verdad es necesario que adoren." (Jn.4: 23-24)***

Continuaba YESHUA diciéndole a la mujer samaritana, es decir a ti y a mí que:

"Vendría un día cuando existirán verdaderos adoradores que adoren a mi Padre que está en los cielos, desde adentro de sus Espíritus, con toda su alma y con todo su ser.

Así como ustedes le adoran a algo que aún no ven. Igualmente vendrá un tiempo en que habrá verdaderos adoradores, tales como ustedes. Pero no serán solamente judíos o samaritanos, sino también gentiles, y de todas partes del mundo, entregados y apasionados, adorando a Dios Padre como un solo Espíritu desde su interior, aunque no lo puedan ver.

Porque también es necesario que, así como algunos me adoran a mí en estos momentos que me están viendo aquí entre ustedes, vendrá un día también, en que ya no estaré y no me podrán ver, ni oír.

Por eso es que, a pesar de mi ausencia, ustedes deben de saber cómo llegar a mí, que es: **en adoración,** *de una forma real, genuina, sincera y de verdad, a través de sus Espíritu que está dentro de ustedes...*

Porque es allí dentro de sus corazones, donde yo deseo habitar."

4.7. **"Le dijo la mujer: Sé que ha de venir el Mesías, llamado el Cristo; cuando él venga nos declarará todas las cosas. Jesús le dijo: Yo soy, el que habla contigo." (Jn.4:25-26)**

Todavía YESHUA le estaba manifestando todos estos maravillosos misterios sobrenaturales de lo que se trataba la Adoración a través de la fusión con su Espíritu interior, convirtiéndose en el UNO para llegar al Padre Celestial, que me atrevo a sostener, que Jesús hasta ese momento, ni a sus propios discípulos que eran los que caminaban de día y de noche, y los que dormían con él, les había hablado con tal grado de transparencia y revelación como lo hizo con esta ella.

La mujer samaritana le agrega algo más a YESHUA sobre lo que a ella le habían enseñado también, le dice que ellos estaban esperando un MESÍAS que se nombraba el CRISTO, y que cuando él llegará a ellos, es decir a "los samaritanos", les iba a decir todas las cosas que debían hacer…

Ella definitivamente, a través de esta última conversación con YESHUA, yo me imagino, que a cada frase que oía del ÉL, ya su corazón estaba hinchado de muchas emociones, porque me atrevo a percibir que ella lo que trataba de provocar en YESHUA, era que de una vez y por todas le dijera "quien era él".

Era demasiada información profunda, toda la que ella estaba escuchándole desde que Jesús le pidió de beber, que en cada dialogo que él la iba envolviendo, (yo podría describir que), había algo dentro de ella que le decía:

"no dejes que se vaya todavía… sigue hablando con él…aquí hay algo más allá de

una simple platica… espera todavía un poco más… tal vez me logre decir quien es…"

Es como cuando tú estás a punto de descubrir un acertijo dentro de un crucigrama y solo te faltan un par de letras para saber toda la palabra y te embarga cierta adrenalina porque estas próxima en saber la respuesta completa. De igual manera se debió haber sentido la mujer samaritana en ese último momento, sumergida en aquel clímax de esa atmosfera celestial que la rodeaba con aquel hombre misterioso y que la mantenía con todos sus sentidos despiertos y agudizados en cada oración y gesto que YESHUA hacía.

¡Wao!, esto que les estoy escribiendo y que ustedes están leyendo ahora mismo es tan poderoso que, ojalá ustedes estén imaginando conmigo desde sus mentes, estas imágenes de una forma solemne y especial.

Quien no anhela en algún momento encontrarse con YESHUA, y que, así como la mujer samaritana, tuvieras una plática intensa, profunda y llena de códigos revelados. Escuchando de forma directa y audible su dulce y tierna voz, dejándote impregnar de su aroma y su santidad. ¡Esto es Sublime!

Tanto fue aquel éxtasis, que YESHUA finalmente le responde: ***"YO SOY, EL QUE HABLA CONTIGO"***

En pocas palabras:

*"¡Es que acaso no me ves y todavía no me reconoces después de todo lo que te he dicho!, ¡mírame!, ese mismo que ustedes y que tú estás esperando. Ese que acabaste de nombrar el Mesías, el Cristo, ese soy YO. Yo soy, **Yeshua Hamshiaj** quien está hablando contigo."*

V. EMOCIONES LIBERADAS

"En esto vinieron sus discípulos, y se maravillaron de que hablaba con una mujer; sin embargo, ninguno dijo: ¿Qué preguntas? o, ¿Qué hablas con ella? Entonces la mujer dejó su cántaro, y fue a la ciudad, y dijo a los hombres: Venid, ved a un hombre que me ha dicho todo cuanto he hecho. ¿No será este el Cristo? Entonces salieron de la ciudad, y vinieron a él." (Jn.4:27-30)

Los discípulos llegaron a donde estaba Jesús, tal vez lo andaban buscando, porque recordemos que ellos se adelantaron a comprar alimentos. Así que cuando fueron al pozo de Jacob a ver si allá estaba Jesús, lo vieron hablando con una mujer a solas y eso les sorprendió, pero no dijeron nada.

Es obvio entender que, para ese tiempo, por la costumbre tanto de los judíos como de los samaritanos, un hombre no puede estar a solas hablando con una mujer en un lugar un poco distante y retirado de la ciudad, y que, en todo caso, si un hombre llega a un pozo a buscar agua para él mismo, y hay una mujer allí, él debe apartarse y esperar, que ella termine primero y se vaya para después él llegar a tomar toda el agua que desee.

Es por esto, que los discípulos se asombraron, pero no dijeron nada, porque ellos sabían quién era Jesús, y entendía que, si él estaba hablando con ella, era por alguna asignación de su Padre Celestial.

Así que cuando YESHUA le dijo a la mujer samaritana que él era el Mesías, el Cristo, ella se olvidó de su necesidad básica y principal que era recoger agua en su cántaro, y dejándolo allí tirado, ocurrió lo opuesto a lo que a ella no le gustaba hacer por causa de su pasado, lo que la llevaba a esconderse y a andar sola.

Su encuentro con Jesús y la revelación que él le dijo sobre su vida pasada, vacía y pecaminosa, le trajo a esta mujer su liberación. Una liberación que comenzó a sentir desde el comienzo de su conversación con Jesús cuando le dijo que bebiera desde su interior, del agua que en ese momento él le estaba ofreciendo para curar y sanar su alma, su corazón, su ser y toda su estructura espiritual desbaratada, para luego llenarla e inundarla con su manantial, aquel que fluye de forma constante e inagotable con su infinito amor y perdón.

"y conoceréis la verdad, y la verdad os hará libres." (Jn.8:32)

Todo este proceso de depuración y desintoxicación provocó en la mujer samaritana que se olvidará de todos sus <u>complejos</u> y lo que ocurrido posteriormente a esto fue que se *"Expuso"* ante las personas, ante la gente que tal vez la rechazaban pero que ya en ese momento no le importaba, porque ella tenía que testificar de aquel hombre y de todo lo que le dijo e hizo con ella.

Ya no le interesaba que pudieran pensar de ella, o como podrían referirse de ella, si la escuchaban o no, si le creían o no, ella sencillamente se sentía *"tan saciada y tan plena"*, que necesitaba compartir las buenas nuevas que se le habían sido reveladas.

Definitivamente el cambio de la mujer samaritana fue tan radical e instantáneo, que la gente no podía creer que ella se haya podido exponer de esa manera, ya que la conocían como una mujer oprimida por el pecado, atribulada e introvertida que no intimaba con nadie. Me imagino que ni le conocían como era el timbre de su voz, porque la veían siempre salir y andar sola a causa de los prejuicios y estigmas que ya la sociedad de ese tiempo le habían rotulado.

La gente quedo tan impactada con todo lo que ella predicaba acerca de lo que YESHUA le había revelado, que tuvieron que salir a ver quién era ese hombre del cual esta mujer había causado tanto alboroto.

Pero si nos detenemos a imaginar un escenario más profundo del que ya hemos relatado, podemos suponer que ella decía y gritaba a voz de trompeta:

"¡Oh pueblo y compatriotas de Samaria, samaritanos y todos, vengan y salgan!, ¡Escúchenme todos!, tengo algo que decirles. Conocí a un hombre en el pozo de Jacob que me dijo toda mi vida. Y ustedes saben que yo

no hablo con nadie ni con ninguno de ustedes. Me dijo toda mi vida personal sin conocerme. Me profetizo que él sabía que yo tenía cinco maridos y que el que tenía no era mío, pero, aun así, nunca me juzgó. Y ahora ya no me importa que ustedes lo sepan por mi boca, porque ya no siento vergüenza de mi condición, porque él me ha traído libertad y ahora me siento plena, llena de un amor especial y en paz conmigo misma. Y esto lo ha provocado ese hombre, el que decimos llamar el Cristo, el que hemos estado esperando."

"Y muchos de los samaritanos de aquella ciudad creyeron en él por la palabra de la mujer, que daba testimonio diciendo: Me dijo todo lo que he hecho." (Jn.4:39)

Claro que, con tal predicamento, y viniendo de una mujer como ella que todos conocían, como no iban a quedar pasmados y atónitos con tal declaración, que definitivamente el mensaje de la mujer samaritana fue tan encarnado y comprobado que automáticamente creyeron en Jesús.

Y es que fue tanta la admiración del pueblo por todo lo que Jesús les contaba, que le rogaron que se quedara unos días más, por lo que la agenda de Jesús tuvo que cambiar, quedándose con ellos dos días más, logrando finalmente, que los samaritanos reconocieran que YESHUA era su Salvador, el tan anhelado y esperado Cristo, del que tanto clamaban en aquel monte Gerizim y que habían estado esperando.

"Entonces vinieron los samaritanos a él y le rogaron que se quedase con ellos; y se quedó allí dos días. Y creyeron muchos más por la palabra de él, y decían a la mujer: Ya no creemos solamente por tu dicho, porque nosotros mismos hemos oído, y sabemos que verdaderamente este es el Salvador del mundo, el Cristo." (Jn.4:40-42)

¡Esto debió haber sido Poderoso!, el que Jesús haya tenido que quedarse dos días más con los samaritanos, siendo que desde el principio del todo, eran enemigos, por todas las diversas razones que ya les he comentado. Y que luego de un encuentro especial y sobrenatural con una "mujer", y que ésta a su vez, haya tenido que ser la escogida para llevar el mensaje de "buenas nuevas de salvación", a un pueblo que, por su terrible pasado, humanamente no le iban a creer, pero que a través de la revelación que YESHUA le había primero manifestado sobre su vida personal con el objetivo de atraer su confianza y atención. Luego todo lo que le explicó sobre beber de un agua que no se acabaría jamás y finalmente sobre la adoración en el espíritu, para que posteriormente ella lo transmitiera a su pueblo y que ellos le creyeran: "esto debió haber sido un momento demasiado impactante e impresionante."

Era visible, indudable e irrefutable que la vida de ella ¡cambió de golpe!, siendo primeramente que: *ella era una mujer*, y fue *la primera mujer en predicar las Buenas Nuevas de Salvación* después de Jesús haber sido bautizado por su primo Juan apodado el Bautista. El simple hecho de ser del género *femenino*, ya la ponía en desventaja ante los hombres, pero Jesús precisamente vino a romper ese estereotipo, preparando ese encuentro, y constituyéndola en la portadora y el estandarte del mensaje de salvación, de perdón y de liberación a un pueblo que, pensándolo bien y a profundidad, por sus orígenes, también al igual que ella, fue separado y repudiado por la religiosidad, como también despreciados por ser un territorio de refugiados homicidas y de toda clase de persona que quebrantará una ley, considerándolos desprestigiados, desechados y sin esperanza.

A pesar de todo esto, Jesús, tomó la decisión de entrar a Samaria, para encontrarse con esta atribulada mujer y provocarle una vida diferente, con otro testimonio más limpio y mejorado, y a su vez, usarla como un canal nuevo y ya purificado, para darle de beber de esa misma agua viva que ella primero bebió, y que también toda su región se benefició.

Que hermoso es nuestro amado Jesús, que no sólo logró llevar un impacto radical y positivo a una persona, sino también que lo escaló a un grado más elevado, en este caso, fue a toda la región de Samaria. Es decir, el nivel de asombro de una vida cambiada de forma inminente, no sólo impacta a la vida en sí, de la misma persona que vivió la experiencia, sino que impregna también a todas demás las personas que conviven con ella, a todo su entorno, a una comunidad, una región y hasta a todo un territorio.

Así es Jesús cuando hace algo en nosotros, para nosotros y con nosotros, que nos deja sin aliento. Los resultados de una vida que "choca con el Maestro" provoca en nuestras familias, amigos, compañeros de trabajo, conyugue, hijos, etcétera, que quieran saber: *"qué fue lo que ocurrió… cómo fue que cambio tanto… "a dónde fue… qué hizo… quién lo provocó…"*, que entonces también lo quieren para ellos y es allí en donde nos constituimos en pequeños "cristos", es decir, en instrumentos puros y santificados, encargados de llevar el mensaje que, ahora portamos en nuestro interior, para dárselo a conocer a todo aquel que tenga una necesidad igual, parecida o hasta mayor a la de nosotras(os).

Ciertamente de muchos otros lugares y hasta de algunos otros territorios que eran propiamente de judíos, Jesús con sus discípulos, no eran tampoco aceptados, no los consideraban bienvenidos, tal como decimos en algunos países: *"persona non grata"*. Sin embargo, lo lindo y lo que me emociona de esta historia, es que Jesús "no hace acepción de personas", tampoco demuestra resentimiento ni rencor por quienes lo rechazan, sino que su naturaleza continúa siendo de amor y compasión, incluso por los que lo aborrecen.

Él nos entiende cuando hemos sido rechazados, porque incluso se lo hicieron a él muchas veces, de hecho, en la actualidad, todavía existen personas que no quieren saber de Jesús y que no lo quieren recibir. Pero, por otro lado, Él también sabe que sí existen personas que lo están esperando y que anhelan tenerlo consigo, y no por una hora o solamente todo un día, sino por mucho tiempo, años o hasta toda una vida.

Así que por estas personas apasionadas por tenerle como tú y como yo, él cambia todos sus planes, porque a Jesús le encanta que lo deseemos y que lo dejemos hacer de nuestros corazones su habitación, que es el lugar perfecto y correcto donde Él siempre se pueda quedar.

💟 *Bienvenido seas por siempre Jesús. Haz de mi corazón también, un Reino donde puedas gobernar.* 💟

VI. EL BUEN SAMARITANO

Trayendo a colación y pequeño extracto de lo que es la parábola del Buen Samaritano.

"Pero un samaritano, que iba de camino, vino cerca de él, y viéndole, fue movido a misericordia; y acercándose, vendó sus heridas, echándoles aceite y vino; y poniéndole en su cabalgadura, lo llevó al mesón, y cuidó de él. Otro día al partir, sacó dos denarios, y los dio al mesonero, y le dijo: Cuídamele; y todo lo que gastes de más, yo te lo pagaré cuando regrese." (Lc.10:33-35)

Jesús estaba en este momento dando una enseñanza al pueblo y claro que entre ellos estaba los fariseos e intérpretes de la ley que iban también a oír sus enseñanzas, con el fin de acorralarlo y probarlo.

Así que mientras que Jesús les enseñaba uno preguntó: ¿quién era su prójimo?

Jesús aprovechó esta buena pregunta e ilustra a través de cierta parábola, que había un hombre que venía de Jerusalem a Jericó, y unos ladrones lo dejaron medio moribundo a un lado del camino. Se decía que, este hombre si venia de Jerusalem, era porque podría haber sido un judío.

Entonces mientras pasaban las personas junto a el hombre, se le acercó un Sacerdote que solo lo vio y se fue. Luego paso un Levita, que son los encargados de la adoración y ministración en el templo, e igualmente se acercó a él, lo miró y se fue.

Y quien se dignó a recogerlo, montarlo en su caballo, llevarlo a un mesón para curarlo y pagarle por adelantado al mesonero para que lo cuidara y si requería algo adicional, él pagaría cuando volviese, fue un Samaritano.

La ilustración fue precisamente con el pueblo que los judíos repudiaban y los tenían como enemigos por sus tradiciones y costumbres.

Jesús uso una alegoría de un Sacerdote y un Levita que se consideraban los más "santos e íntegros" de la sociedad, y a los samaritanos que eran los más despreciables para ellos.

Finalmente pregunta Jesús que, ¿quién creía ellos que fue el prójimo del hombre que fue atacado por los ladrones?... Pero los muy doctos para no sentirse humillados por Jesús, dijeron que había sido el que mostro compasión y misericordia para no decir que fue un samaritano. Por lo que finalmente, Jesús les dijo que, así mismo ellos deberían irse hacer lo mismo. Debían irse a mostrar compasión y misericordia por aquellos que también lo necesitaban, sin importar sus costumbres, cultura ni religión.

En pocas palabras los tildó de mentirosos y de doble moral. Que solo utilizan la ley a su conveniencia sin poner en práctica lo que ellos enseñaban y supuestamente obedecían.

El Señor Jesús, le ordenaba, que así mismo como ellos hablaban y sostenían que eran dignos y puritanos, obedeciendo a cabalidad la ley de los profetas, entonces también tenían que ponerlo en práctica con los que no eran de su linaje.

Es decir que, desde ese tiempo ya Jesús nos estaba enseñando que no solamente su Salvación iba a ser exclusivamente para los judíos, sino que, por el contrario, también a través del sacrificio que estaba próximo a padecer, los gentiles también estaban "predestinados" a formar parte del: "beber de su inagotable manantial."

"De hecho, sin fe es imposible agradar a Dios. Todo el que desee acercarse a Dios debe creer que él existe y que él recompensa a los que lo buscan con sinceridad." (Heb.11:6 NTV)

"Así que acerquémonos con toda confianza al trono de la gracia de nuestro Dios. Allí recibiremos su misericordia y encontraremos la gracia que nos ayudará cuando más la necesitemos." (Heb.4:16 NTV)

Jesús no impide que nadie se acerque a él, sino que tenemos a través de su preciosa sangre, el libre acceso de llegar hasta su presencia confiadamente para alcanzar perdón, amor, misericordia, paz, esperanza, justicia, y todo lo que en algún momento de nuestras vidas no podemos conseguir a través de nuestras propias fuerzas, pero que por medio de: "la oración y la fe", todo, absolutamente todo lo que necesitamos, lo alcanzaremos, de acuerdo a su buena, agradable y perfecta voluntad.

Dice su palabra que seremos recompensados, quienes le buscamos con sinceridad, de una forma genuina y en verdad. Conectando nuestro espíritu con el Espíritu de Dios y volviéndolo UNO SOLO, porque cuando permanecemos pegados a la fuente de todo inagotable poder, nos mantenemos continuamente recargados, y nuestra vida, alma y corazón se llenan de gozo. Nuestros pensamientos son renovando, y los que no son transformado, es decir los frutos de la carne (Gal.5:16-23), entonces se sujetan a la obediencia que proviene del Cristo, de tal forma que podamos despojarlo y desecharlo sino se someten; a fin de que seamos restaurados y se nos sea devuelto el diseño original que es: ser a imagen y semejanza de nuestro Padre Dios a través de Jesucristo.

"En cambio, dejen que el Espíritu les renueve los pensamientos y las actitudes. Pónganse la nueva naturaleza, creada para ser a la semejanza de Dios, quien es verdaderamente justo y santo. Así que dejen de decir mentiras. Digamos siempre la verdad a todos porque

nosotros somos miembros de un mismo cuerpo." (Ef.4:23-25 NTV)

"Destruimos todo obstáculo de arrogancia que impide que la gente conozca a Dios. Capturamos los pensamientos rebeldes y enseñamos a las personas a obedecer a Cristo..." (2Cor.10-5 NTV)

VII. RESULTADOS QUE TRASCIENDEN

"Y ellos, habiendo testificado y hablado la palabra de Dios, se volvieron a Jerusalén, y en muchas poblaciones de los samaritanos anunciaron el evangelio." (Hech.8:25)

En el libro de Hechos 8:4-25, nos señala sobre la "Predicación del evangelio en Samaria". Pero anterior a esto, la palabra nos relata cuando todavía Saulo se mantenía persiguiendo a la iglesia de Cristo después de la muerte de Esteban. Dice que la persecución arreciaba y Saulo recorrida casa por casa, arrastrando a hombres como a mujeres para encarcelarlos.

A causa de esta gran persecución, el pueblo se esparció por toda Judea y Samaria anunciando el evangelio del Señor.

Antes de avanzar en el relato, cabe destacar que, había en Jerusalem un diácono y evangelista llamado Felipe, era un hombre de testimonio, lleno del Espíritu Santo y de sabiduría, quien se encargaba de llevar la palabra del Señor y el número de los discípulos crecía. (Hech.6:3-7). De hecho, su casa estaba bajo sujeción, porque tenía cuatro hijas doncellas que profetizaban, es decir, que su familia estaba dedicada a la obra del Señor. (Hech.21:8-9).

Según el libro de Hechos de los Apóstoles, podemos notar que éste Felipe pudo haber conocido la metamorfosis y la conversión de Pablo. Ya que Felipe estuvo predicando el evangelio y vivió las sanguinarias persecuciones de Saulo de Tarso a la iglesia, hasta volverse a Jesucristo, a causa del encuentro sobrenatural que tuvo de camino a Damasco; convertirse finalmente en el Apóstol Pablo, consiervo juntamente con Felipe para la gloria de Jesucristo.

Así que, trayéndote a contexto nuevamente, en el pasaje inicial de este capítulo, Felipe con el poder que Jesucristo le había conferido, realizaba muchos milagros en su Nombre, y los espíritus inmundos salían, paralíticos y cojos eran sanados, por lo que se produjo gran gozo en aquella ciudad de Samaria.

7.1. EL CASO DE SIMÓN EL HECHICERO. (Hech.8:9-24)

Resulta que en Samaria había un hechicero que engañaba a muchos con sus artes mágicas desde hacía mucho tiempo.

Este hombre llamado Simón, cuando vio que llegó Felipe a Samaria, estuvo expectante en todos los milagros que él hacía a todos los que creían en el Nombre de Jesucristo, así que decidió quedarse al lado de Felipe.

Era tanto su asombro, que Simón también creyó en todas las señales y prodigios que hacía Felipe que hasta se "bautizó" y no se despegaba en ningún momento de Felipe, siempre estaba con él.

Pedro y Juan estaban en Jerusalem y oyeron las grandes maravillas que el Señor estaba haciendo en Samaria a través de Felipe que decidieron ir para allá.

Así que cuando ellos llegaron, notaron que muchas personas se habían bautizado en el Nombre de Jesús (bautismo en agua), pero, todavía no había descendido el Espíritu Santo sobre ellos. Por lo que Pedro y Juan, comenzaron a colocar sus manos sobre algunos de ellos, y entonces comenzaron a recibir del poder del Espíritu Santo.

Simón maravillado, del elevado poder que tenían Pedro y Juan, les ofreció dinero, pidiéndole que le ofrecieran de ese poder para que también pudiera imponer mano y que la gente también recibiera el Espíritu Santo como lo hacían ellos. (vers.18-19)

Inmediatamente Pedro lo reprendió, diciéndole que se arrepintiera de lo que había acabo de pedirles, añadiéndole que él no formaba parte de aquella manifestación y revelándole que su corazón no era recto delante de los ojos de Dios. (vers.20-22)

A lo que finalmente Simón pidió a Pedro que rogara por el al Señor para que ningún mal viniera sobre él.

❖ REVELACIÓN:

Muchas personas dentro de nuestras iglesias andan como Simón, aparentando decir que son creyentes, cristianos, amadores del Señor y de sus maravillas, pero realmente su corazón y hasta sus maquinaciones están muy lejos de agradar a Dios.

Dicen que aman al pastor o al cuerpo del liderazgo, caminan a su lado y participan de todas las actividades dentro de la iglesia local, pero lo que realmente está operando en ellos es la pura maldad, procurando en lo oculto hacer caer en pecado a los líderes o llevando división, murmura, chisme, criticas, hasta hechicería y todo lo que el enemigo les diga que hagan con tal de derribar el pueblo de Dios.

Y nótese algo muy profundo, ¡Simón ya estaba bautizado en el Nombre de Jesús por Felipe! ¡SANTO DIOS! Es decir que, si la palabra nos dice que, Simón ya había sido bautizado y que no se despegaba de Felipe, podríamos suponer que ya él tenía algún tipo de cercanía más profunda con Felipe que se creía un íntimo del hombre de Dios.

Y así hay muchos en las iglesias también, que forman parte hasta del cuerpo de Cristo y del liderazgo de la Iglesia, siendo uno de los escuderos del pastor o líder religioso, pero por dentro esta maquinando cómo hacer para quitarle todo: la iglesia, feligreses y cuidado que hasta la familia y su credibilidad. ¡CUIDADO!

Felipe siendo evangelista fue enviando a Samaria a preparar el camino, es decir, los corazones de los habitantes y todo aquel que recibiera el evangelio era bautizado en el Nombre de Jesús. Pedro y Juan también llegaron a Samaria, y para ese tiempo, ya ellos eran Apóstoles.

En el mundo espiritual donde opera el enemigo como en el Reino de los Cielos, todo se mueve a través de diferentes tipos de rangos.

Hablando del Reino de Dios, existen: ángeles, arcángeles, serafines, ángeles mensajeros, ministradores, activadores, protectores, de fuego, arrestadores, custodiadores, los guardianes, etcétera.

Habiendo dicho esto, cuando Simón vio a Pedro y a Juan, reconoció en el espíritu que él todavía operaba (recordando que él sabía los rangos espirituales porque era un hechicero), que ellos tenían un **Espíritu Superior**.

Simón comenzó a desear desde sus pensamientos y con todo su corazón, el poder que ellos tenían, para que él pudiera hacer lo mismo, y quien sabe si, según desde su carnalidad, poder seguir engañando a la gente con sus artimañas, ya que era notorio de que Simón aún no había sido convertido ni convencido por el Espíritu Santo, sino que andaba con Felipe por todos los milagros y maravillas que hacía.

Pero tal cual, como el mismo Simón lo percibió, Pedro también reconoció automáticamente el demonio que operaba dentro de Simón, que lo expuso y lo reprendió.

En mucho pueblo de Dios, existen personas así. Que envidian los dones, talentos y hasta los ministerios de los demás y anhelan hacer lo que otros hacen, sin haber pagado el precio y cumplido su cuota de sacrificio para ser considerado apto para las manifestaciones sobrenaturales que Dios tiene preparadas para entregarles a los que le aman y le son obedientes.

Simón tenía una atadura muy grande en su vida con el tema de la hechicería, que, a pesar de estar bautizado, todavía no había sido libre, hasta que llegó Pedro con un Espíritu Superior y pudo ser finalmente liberado de esas cadenas que lo mantenía cautivo y esclavizado desde sus pensamientos.

Y no era que Felipe no tenía el poder para liberar a Simón, al contrario, él también pudo hacerlo, pero Simón nos muestra la tipología de personas, cristianos o creyentes, que tienen sus demonios, sus ataduras, sus conflictos internos, su pasado que no quieren soltar, la mentira, la fornicación, el adulterio, la amargura, la falta de perdón, el rencor, y todo lo que sea que tenga, guardado en lo oculto de sus corazones, sin que todavía haya sido manifestado.

Hasta que llega un día en que, se les revela su verdadera naturaleza falsas y pecaminosa llena de hipocresía y el diablo los expone con posesiones dominicanas a causa por diferentes prácticas ocultistas o secretismo, para entonces finalmente recibir completa salvación, perdón y vida eterna a través de la sangre de Jesucristo.

Al final en el versículo 24, Simón rogó a Pedro que orara por él al Señor Jesucristo para que nada de lo que el Apóstol le había declarado a través de la represión, viniera sobre él.

Un alma quebrantada y humillada, Jesús no desprecia ni desecha, sea lo que sea que haya sido. En Jesús siempre tendremos oportunidades de arrepentirnos con toda sinceridad porque él conoce nuestros corazones mucho más profundamente que nosotros mismos y sabe que deseamos ser siempre libres.

"Los sacrificios de Dios son el espíritu quebrantado; Al corazón contrito y humillado no despreciarás tú, oh Dios."
(Sal.51.17)

Jesús nos enseña el verdadero camino para comenzar correctamente una nueva vida, llena de su perdón y de su amor; bebiendo continuamente del agua de vida eterna que nunca cesa, como lo hizo la mujer samaritana.

La biblia no registra claramente si Simón fue finalmente convertido, pero si nos enseña que debemos ser genuinos e íntegros cuando nos acercamos ante el Trono Santo, que es la viva presencia de Dios Bendito.

VIII. PALABRAS FINALES

*"Me mostrarás la senda de la vida;
En tu presencia hay plenitud de gozo;
Delicias a tu diestra para siempre."
(Sal.16:11)*

Habiendo estudiado sobre la mujer samaritana y todo lo que los samaritanos representaban en aquellos tiempos, podemos concluir que solamente en Jesucristo hay deleite, hay plenitud de gozo y delicias a su diestra.

No importa por lo que estés pasando en estos momentos amada mujer guerrera, recuerda que a través de lo que has leído, lo más importante que hemos aprendido es que Jesús no nos rechaza, sean en la condición en la que nos encontremos.

Si estás pasando ahora mismo, por un proceso de adulterio, prostitución, fornicación, lascivia, o como la mentira, egoísmo, o lo que sea que se llame, Jesús no te desprecia ni te aborrece.

Él sí le desagrada el pecado y quita su rostro porque ve que tus vestiduras están por el momento manchas y sucias del pecado que te está condenando a una muerte sin esperanza, pero todavía ÈL está presto para limpiarte de manera urgente, a través de la sangre de Cristo y con la guía del Espíritu Santo, para poder mirarte y mimarte nuevamente y tenerte entre sus brazos.

No dejes de orar, que es hablar con Él, y cuéntale cómo te sientes, exprésale todo y no te guardes ni te reprimas absolutamente nada, porque es necesario que entiendas que él te conoce toda por completa, conoce tus pensamientos y lo que le querrás decir antes que llegue la palabra a tu boca. Pero no tengas vergüenza ni miedo en confesarle con detalles tus errores y transgresiones con nombre y apellido porque confesárselo de forma abierta y con sincero arrepentimiento, te hará libre.

"Porque yo conozco sus obras y sus pensamientos; tiempo vendrá para juntar a todas las naciones y lenguas; y vendrán, y verán mi gloria." (Isa.66:18)

"Pues aún no está la palabra en mi lengua, Y he aquí, oh Jehová, tú la sabes toda." (Sal.139:4)

El Salmos 16 es sumamente hermoso y alentador, que me gustaría que lo leyeran y sobre todo esta porción que también dice:

*"Bendeciré a Jehová que me aconseja;
Aun en las noches me enseña mi conciencia." (Sal.16:7)*

Comencemos a meditar al acostarnos en su infinito amor y en sus nuevas misericordias que tiene con nosotras durante el afán diario de nuestro día a día. Detengámonos por un momento en bendecir y exaltar su Precioso y Santo Nombre desde nuestro interior, sin pedirle nada, solamente agradeciéndole, como dice también el Salmos 100:4-5

*"Entrad por sus puertas con acción de gracias,
Por sus atrios con alabanza;
Alabadle, bendecid su nombre.*

Porque Jehová es bueno; para siempre es su misericordia,
Y su verdad por todas las generaciones."

A través de toda esta actitud de rendición desde el interior de nuestro Espíritu, nuestro amado comienza a aconsejarnos y aun en medio de la noche, aunque el cuerpo este dormido, nuestra conciencia se mantiene despierta recibiendo códigos e instrucciones que se alojan en el subconsciente para que cuando nos levantemos hayamos recibido soluciones a conflictos, instrucciones para conquistar territorios y propósitos, conocer nuestro diseño y hoja de ruta o diversas órdenes a nuestro cerebro que solo el misterio de una conciencia renovada por la voz del Dios, haya podido recibir.

Así que estamos en constante enseñanza no solamente en el ámbito secular y físico, sino también en el plano espiritual, como de la mente y la conciencia a pesar de creer que estamos dormidos.

Dios es un Dios de misterios, ya lo entendimos con la mujer samaritana en donde humanamente creíamos que Jesús entró a Samaria para coger un atajo; pero que, por el contrario, todo fue parte de un propósito.

"En Dios no existen las casualidades, Dios todo lo hace de forma Intencional."

Y tú mujer, eres parte de ese propósito, parte de un diseño pre-establecido, desde antes de la fundación del mundo para que, al convertirnos en Más que Vencedoras, obtengamos finalmente el mayor galardón que nunca antes hayamos podido recibir:

🖤 JESUCRISTO ES NUESTRO MEJOR GALARDÓN. 🖤

¡Amén!

Made in the USA
Middletown, DE
14 July 2023